Wolfgang B. Kleiner

Text und Konzeption: Martin Kluger

Bad Hindelang

im Naturschutzgebiet Allgäuer Hochalpen

Herausgeber:

EBERL MEDIEN, Immenstadt i. Allgäu

context verlag Augsburg

www.context-mv.de

Bad Hindelang

im Naturschutzgebiet Allgäuer Hochalpen

Wolfgang B. Kleiner

Naturerlebnis, Heilklimatischer Kurort und Kneippheilbad im Oberallgäu

Bad Hindelang: sechs Bergdörfer und ein „Edelstein der Alpen“

Es muss gute Gründe dafür geben, dass der bayerische Prinzregent Luitpold Hindelang knapp 60 Jahre lang als Gast die Treue hielt, dass Augsburger Fürstbischöfe frühe „Sommerfrischler“ im Ostrachtal waren, dass hier der erste Skilift Deutschlands entstand und dass heute Jahr für Jahr zahllose Urlaubsgäste und Ausflügler den Weg nach Bad Hindelang und in seine Ortsteile finden. Die Natur in und um Hindelang war schon immer eine Reise wert: Zusammen mit dem nahen Oberstdorf macht die Marktgemeinde den weitaus größten Teil des Naturschutzgebiets Allgäuer Hochalpen aus. Von 137 Quadratkilometern Hindelanger Gemeindefläche – die Kommune ist somit eine der größten im bayerischen Regierungsbezirk Schwaben – stehen rund 80 Prozent unter Landschafts- oder Naturschutz. Hier fliegt der Steinadler und blüht das Edelweiß. Mehr als 70 Pflanzen der Roten Liste kommen in der Region vor. Laut einer Studie der Internationalen Alpenschutzkommission CIPRA und des World Wide Fund For Nature (WWF) zählt die Bergwelt um Hindelang zu den europaweit besonders schützenswerten 23 „Edelsteinen der Alpen“ – deutschlandweit erhielt nur noch der Nationalpark Berchtesgaden dieses Prädikat.

Ein Großteil der Fläche von Bad Hindelang ist hochalpines Terrain. Urlauber schätzen die stillen Seitentäler – das Hintersteiner Tal, das Bärgündletal, das Obertal und das Retterschwanger Tal. In diesem Gebiet überragt der 2593 Meter hohe Hochvogel den Großen Wilden (2379 Meter) und die Fuchskarspitze (2314 Meter) bei Weitem und wird deshalb auch „König des Allgäus“ genannt. Die Grenze zu Tirol verläuft über den Gipfel des Hochvogels.

Bad Hindelang ist mehr als „nur“ ein Naturerlebnis. Hindelang und seine fünf Ortsteile Bad Oberdorf und Hinterstein, Oberjoch, Unterjoch und Vorderhindelang gehören zu einem der beliebtesten Oberallgäuer Urlaubsorte. 1965 erhielt Hindelang die Prädikate „Heilklimatischer Kurort“ und „Kneippkurort“, seit 2002 darf sich Hindelang „Bad“ nennen. Bundesweite Schlagzeilen machte Hindelang in den 1990er Jahren, weil sein „Öko-Modell“ seitdem die extrem artenreiche Flora der Berg-, Buckel- und Feuchtwiesen bewahren hilft. 1992 schlossen sich die Bergbauern zum Verein „Natur & Kultur“ zusammen. Landschafts- und naturschonend produziert kommen hochwertige heimische Produkte in Form von Käse, Milch und Butter oder als Bestandteil der Allgäuer Küche in Hindelanger Gastronomiebetrieben auf den Tisch – und auf den geschützten Wiesen und Berghängen blühen 40 Orchideenarten.

Neben Landschaft und Landwirtschaft sind es die Hindelanger und ihre Geschichte(n), die den Ort einzigartig und liebenswert machen. Wolfgang B. Kleiner hat die Allgäuer Marktgemeinde, ihre Menschen und die Natur – ungestellt und reportagenhaft – porträtiert. Der Betrachter wird in diesem Bildband „sein“ Bad Hindelang wiederfinden – und vielleicht darüber hinaus die eine oder andere unbekannte Ansicht entdecken.

Grüß Gott Adalbert Martin, 1. Bürgermeister der Gemeinde Bad Hindelang (rechts), und Kurdirektor Max Hillmeier.

Kirche im Dorf In Bad Hindelang ist die Kirche noch der Mittelpunkt des Dorfs. Die katholische Pfarrkirche St. Johannes Baptist wurde anno 1872 geweiht. Neben dieser Kirche steht das Schloss, das heutige Rathaus.

Inhalt

Die Oberallgäuer Urlaubslandschaft zwischen Joch und Hochvogel

Bad Hindelang – sechs Dörfer im tiefsten Süden des Allgäus

Ein „Bild von einem Ferienort“: Über Bad Hindelang und Bad Oberdorf fällt der Blick auf das südlich gelegene Hintersteiner Tal. Das Auf und Ab zwischen Berg und Tal macht Hindelang so reizvoll: Zwischen 825 Metern Höhe im Ostrachtal und 1136 Metern Höhe auf dem Joch liegen die sechs Ortsteile der Allgäuer Marktgemeinde.

Bad Hindelang ist die – nach dem benachbarten Oberstdorf – südlichste Gemeinde im bayerischen Regierungsbezirk Schwaben. Im Oberallgäuer Urlaubsort leben rund 5000 Menschen. Über das Jahr kommen auf einen Hindelanger 30 Urlaubsgäste. Die unzähligen Tagesbesucher führt die Statistik gar nicht auf. Außer von Land- und Forstwirtschaft lebt der Heilklimatische Kurort und Kneippkurort Bad Hindelang – und zwar zu 80 Prozent – vom Tourismus. Der Hauptort ist Bad Hindelang. Er liegt im Ostrachtal. Der Augsburger Fürstbischof Sigismund Franz – Erzherzog von Tirol – baute dort ein Jagdschloss, das er und seine Nachfolger bis 1812 nutzten. 1803 wurde Hindelang bayerisch. Den benachbarten Stutenhof besaßen einst die Fugger. Das Schloss beherbergt heute das Bad Hindelanger Rathaus. Im Ort findet man zudem das Kurhaus und die Gästeinformation. Auf das Imberger Horn befördern die modernen Gondeln der Hornbahn Hindelang. Der Hindelanger Viehscheid ist heute einer der bekanntesten des Allgäus.

Bad Oberdorf darf sich seit dem Jahr 1900 „Bad" nennen. Bis heute heilt dort die höchstgelegene Schwefelquelle Deutschlands im Hotel „Prinz-Luitpold-Bad". Namensgeber ist der bayerische Prinzregent Luitpold, der die Wirkung der Quelle schätzte. In der Kirche Unserer lieben Frau im Ostrachtal und St. Jodokus entdeckt man unter anderem ein Madonnengemälde Hans Holbeins d. Ä. Drei alte Hammerschmieden an der Ostrach erinnern daran, dass im Tal einst Eisenerz abgebaut und verarbeitet wurde. Die Obere Mühle beherbergt heute ein Museum zur Ortsgeschichte.

Im benachbarten Hinterstein nahm Prinzregent Luitpold regelmäßig ein Bad in der „Prinzegumpe" – ein Naturschwimmbad nahe dem Jagdhaus, von dem aus er 60 Jahre lang (im Frühjahr wie im Herbst) auf die Pirsch ging. Über der Ostrach liegt das originelle Hintersteiner Kutschenmuseum. An den Erzabbau im Tal erinnert die Eisenbreche, eine 85 Meter tiefe Schlucht. Sie liegt auf dem Weg zum Giebelhaus. Von dort aus leiten Bergtouren zum Prinz-Luitpold-Haus, zum Hochvogel und zum Schrecksee.

Vom 16. Jahrhundert bis 1823 fuhren Salztransporte über das Joch. Heute windet sich der Jochpass von Hindelang aus sieben Kilometer lang in über 100 Kurven und Kehren in die Hochtallage von Oberjoch hinauf. Seit den 1930er Jahren trug man hier die legendären Jochpassrennen aus. Die „Deutsche Alpenstraße" führt über den Pass – die dortige „Kanzel" ermöglicht die spektakuläre Aussicht auf Hindelang und das Ostrachtal. Oberjoch, die höchstgelegene Dauersiedlung des Allgäus, ermöglicht den „Urlaub von der Allergie". Die 6er-Sesselbahn der Iselerbahn und sieben Lifte erschließen das Skigebiet unter dem Iseler.

Eingebettet zwischen Zinken und Spieser liegt Unterjoch. Dieses Bergdorf gehörte schon früher zu Hindelang, war dann jedoch bis 1972 mehr als hundert Jahre lang selbstständig. „Urlaub von der Allergie"und hohe Schneesicherheit zeichnen auch Unterjoch aus. Im Dorf findet man das älteste erhaltene Bauernhaus von Bad Hindelang – heute einer von zwei „Archehöfen" im Allgäu. Fast alle Unterjocher Bergbauern wirtschaften ökologisch. Die Zehrerhöfe sind die höchstgelegenen Bauernhöfe Deutschlands.

Westlichster Hindelanger Ortsteil im Ostrachtal ist Vorderhindelang, die „Sonnenterrasse des Allgäus". Vom nahen Weiler Liebenstein ging die Besiedelung des östlichen Ostrachtals aus. Hoch über dem Dorf liegt der Weiler Gailenberg. Dort hat der in Vorderhindelang geborene Maler Kilian Lipp in einem alten Bergbauernhaus sein Atelier und eine Kunstgalerie eingerichtet.

Prinzregent Luitpold *Der Wittelsbacher hielt seinem Jagdrevier im Hintersteiner Tal sechs Jahrzehnte lang die Treue. Gern nahm er in der „Prinzegumpe" ein kühles Bad. 1888 durfte sich das Schwefel-Mineralbad in Oberdorf nach dem prominenten Gast benennen. Die Gedenktafel zwischen Bad Oberdorf und Hinterstein erinnert an den Prinzregenten.*

Sechsmal Bad Hindelang *Der Blick auf den Hauptort Bad Hindelang (links oben) und seine Ortsteile Bad Oberdorf (oben rechts), Hinterstein (Mitte links) und Oberjoch (Mitte rechts), Unterjoch (unten links) und Vorderhindelang.*

Geschichte(n) um Kirchenfürsten, die Fugger und einen Wittelsbacher

Waffenschmiede des Kaisers und ein bischöfliches Jagdschloss

In der Geschichte von Bad Hindelang spielen die Herren von Hundinlanc, Bauern und Bischöfe, die reichen Fugger sowie Prinzregent Luitpold von Bayern eine wichtige Rolle. Der Augsburger Bischof Sigismund Franz ließ 1660 ein Schloss in Hindelang errichten. Ihm und seinen Nachfolgern diente es fast 150 Jahre lang als Jagdschloss. Heute beherbergt dieses Schloss das Bad Hindelanger Rathaus – das bischöfliche Wappen sieht man im Stuck über der Tür zum heutigen Trauungszimmer.

Die ältesten deutschen Hammerschmieden *Als im 16. Jahrhundert im Hintersteiner Tal abgebaute Erze verhüttet wurden, entstanden etliche Hammerschmieden an der Ostrach. Drei der 500 Jahre alten Schmieden sind noch erhalten – sie sind die wohl ältesten dieser Art in Deutschland. 1520 bis 1524 lieferten die Schmieden im Ostrachtal fast 20 000 Hellebarden und Spieße an Kaiser Maximilian I. Um edle Rösser zu züchten, erwarben die Fugger ab 1529 Besitz in Hindelang. Daran, dass Hindelang bis 1803 zum Hochstift Augsburg gehörte, erinnert das bischöfliche Schloss, das heutige Rathaus: Kirchenfürsten waren Hindelangs erste „Sommerfrischler".*

Schätze einer Dorfkirche In den Jahren 1937/38 wurde die Bad Oberdorfer Filialkirche „Mariä Himmelfahrt und St. Jodokus“ durch den im Ort geborenen Architekten Thomas Wechs d. Ä. errichtet. Der äußerlich schlichte Sakralbau birgt drei herausragende Kunstwerke: 1935 wurde das unschätzbar wertvolle Marienbild Hans Holbeins d. Ä. von 1493 wiederentdeckt, das die Grafen Fugger dem Augsburger Fürstbischof 1660 für dessen Hindelanger Hauskapelle geschenkt hatten. 1519 schuf der Füssener Schnitzer Jörg Lederer für die frühere Hindelanger Pfarrkirche den spätgotischen Altar. 1470 entstand der Palmesel im Stil der „Ulmer Schule“.

Kurvenreiche Schöne *Der Jochpass mit seinen mehr als hundert Schleifen gilt als die kurvenreichste Straße Deutschlands. 1540 baute man eine Salzstraße, auf der täglich bis zu 300 Pferde 60 Tonnen Salz zum Bodensee beförderten. 1899 entstand die neue Passstraße. 1618 erwarben die Fugger Grund im Retterschwanger Tal, 1643 zudem das Mitterhaus. 1652 kaufte es der Fürstbischof von Augsburg, und ab 1900 besaß Prinzregent Luitpold von Bayern die Alpe (oben). 60 Jahre lang kam der Wittelsbacher zur Jagd auf Hirsch und Gämse nach Hinterstein, wo er regelmäßig in der eiskalten „Prinzegumpe" badete. 1900 verlieh Luitpold Oberdorf den Titel „Bad".*

Herren von Hundinlanc und Holzhäuser Ab dem 8. Jahrhundert wurde das Ostrachtal vom Illertal her besiedelt. Seit 1150 besaßen die Herren von Hundinlanc eine Burg, wo heute die kleine Kirche St. Leonhard (links) in Liebenstein (großes Bild) steht – die erste Kirche des Tals und eine der ältesten des Allgäus. Die frühesten Bauernhäuser waren Holzblockbauten, in denen Wohnräume, Stall und Scheune unter einem Dach lagen. Später wurden steinerne Fundamente üblich, erst in jüngerer Zeit werden Holzschindeln für den Fassadenschutz genutzt. Das älteste Hindelanger Bauernhaus sieht man heute im Ortsteil Unterjoch (oben).

Alltägliches und Brauchtum, altes Handwerk und moderne Kunst

Die Hindelanger – Begegnungen zwischen Arbeit und Festen

Die (einheimischen) Bad Hindelanger haben sich ihren markanten Oberallgäuer Dialekt bewahrt. Bei Streifzügen durch Hindelang und seine Ortsteile erlebt man urige Typen, traditionelles Handwerk und altes Brauchtum. Manches davon sieht freilich älter aus, als es ist: Die „typische" Tracht mit Lederhose und „Gemsbart" ist ein oberbayerischer „Import", an dem nicht zuletzt Prinzregent Luitpold beteiligt war. Seinerzeit fand auch das Schuhplatteln den Weg ins Ostrachtal. Selbst das heute als archaisch empfundene Alphorn kam erst im 20. Jahrhundert im Allgäu wieder zu Ehren.

Kernige Oberallgäuer *Heute leben in Bad Hindelang knapp 5000 Menschen. Die einheimischen Allgäuer sind Abkömmlinge der Alemannen, die von Westen her das Ostrachtal besiedelten. Vom Ackerbau allein konnte man hier kaum überleben. Folglich ging man als Hirte auf die Alpe, arbeitete im Forst, verdiente an den Salztransporten über das Joch oder in den Hammer- und Nagelschmieden Geld. Ortstypische Bekleidung gab es nicht: Die „Alte Tracht", bei der die Frauen Radhauben tragen, wurde erst um 1900 geschaffen. Erhalten hat sich jedoch der alte Dialekt: Das Mädchen heißt „Fehl", der Junge „Büe". Und eine Alm nennt man hier „Alpe".*

Funkenfeuer und Leonhardiritt Das Funkenfeuer war ursprünglich wohl ein heidnischer Brauch, mit dem der Winter ausgetrieben werden sollte. Für den Funkensonntag – der erste Sonntag in der Fastenzeit – werden meterhohe Holzstapel auf etlichen Anhöhen über Bad Hindelanger Ortsteilen aufgeschichtet. Mit den Haufen wird eine Funkenhexe, eine aus Stroh und alten Kleidern gebastelte Puppe, verbrannt. Einen eindeutig christlichen Ursprung hat dagegen der alljährliche Leonhardiritt im November. Von Vorderhindelang aus führt diese Pferdeprozession zur Kirche St. Leonhard in Liebenstein.

Klänge vor Bergkulissen Blechblasinstrumente vor tief verschneiten Bergen – so wie hier in Hinterstein (unten) – hört man beim jährlichen Silvesterblasen. In den letzten Tagen im Dezember gehen Gruppen der Hindelanger Harmoniemusik durch die Ortsteile, spielen vor jeweils drei bis vier Häusern einen Marsch und sammeln damit Spenden für Trachten und Instrumentenreparaturen. Ungeplant war das Aufeinandertreffen von drei Mitgliedern der Hindelanger Alphornbläsergruppe mit einer offensichtlich musikbegeisterten Allgäuer Kuh beim Fototermin vor der Rotspitze.

Der Weg zu vielen Gästen *Der Tourismus kam erst spät nach Hindelang. Jagden des Prinzregenten Luitpold brachten ab 1849 prominente Gäste ins Ostrachtal. 1864 ließ ein Sonthofener Arzt bei der Schwefelquelle über Oberdorf ein Badehaus mit Betten bauen – die Keimzelle des Hotels „Prinz-Luitpold-Bad" (rechts). 1911 zählte man in Hindelang 1680 Gäste – und 28 000 Übernachtungen. 1975 waren es erstmals mehr als eine Million Übernachtungen, 1989 das erste Mal mehr als 100 000 Gäste. 1987 wird die schon 1433 urkundlich genannte „Obere Mühle" in Bad Oberdorf – zuletzt ein Sägewerk – zum Gasthaus (oben). Wo die Säge war, ist heute das Heimatmuseum.*

Alphornbauer und Schlittenmacher *Holz spielte für den Broterwerb im Ostrachtal stets eine bedeutende Rolle. Anstelle heute dominierender Nadelholzwälder überwogen früher Mischwälder mit Eiche und Buche, Ahorn und Ulme. Lanzenschäfte aus Eschenholz waren ein Hindelanger Exportschlager. Heute wird Esche für den Schlittenbau verwendet. Mit Schlitten hat man einst Holz, Heu, Milch und Käse von den Alpen ins Tal geholt. Das bis zu drei Meter lange hölzerne Alphorn soll als Signal von Alpe zu Alpe eingesetzt worden sein. Doch erst 1958 erklang im Allgäu wieder ein Alphorn. Solche Instrumente werden heute auch in Hindelang hergestellt.*

Der Herrgottschnitzer von Hindelang In Bad Hindelang kann man alte Handwerkskünste erleben, die anderswo kaum noch bekannt sind. Holzschindeln sind bis heute als Zier und Schutz der Hausfassade fürs Allgäu typisch: Im Hindelanger Ortsteil Hinterstein kann man einem Schindelmacher (oben) bei seiner Arbeit zusehen. Ebenfalls in Hinterstein umgeben Heerscharen von Barockengeln den dortigen Herrgottschnitzer. In der Esse der uralten Hammerschmiede an der Ostrach lodert noch immer das Schmiedefeuer: Gourmets bestellen die von Hand geschmiedeten Bratpfannen in Bad Oberdorf nicht selten sogar per Internet.

Lederhose und einen Gamsbart am Hut Schon im Jahr 1900 wurde der Hindelanger Trachtenverein aus der Taufe gehoben und noch im Gründungsjahr fanden erste Waldfeste statt. Bei diesen Brauchtumsfesten auf der Naturbühne im Gund in Vorderhindelang machen die Hindelanger Alphornbläser eine gute Figur. Die heute aktuelle Gebirgstracht ist ein „Import" aus Oberbayern: Die Damen tragen rote Röcke, grüne Schürzen und ein schwarzes Mieder, die Herren eine grüne Trachtenweste, Lederhose, einen Hut mit „Gemsbart" und Haferlschuhe. Die Lederhose hatte einst der bayerische Prinzregent Luitpold im Ostrachtal eingeführt.

Akkordeon und Kuhglocke *Das Brauchtum und die Volksmusik werden großgeschrieben im Ostrachtal. Völlig unter sich musiziert die Brauchtumsgruppe bei einem Umtrunk im Giebelhaus (oben). Viel Publikum zieht dagegen die Harmoniemusik Hindelang (rechts) bei ihrem Umzug durch das Dorf an. Mit dem Musikverein Unterjoch hat Bad Hindelang noch eine zweite Blaskapelle aufzuweisen. Für manchen Solisten erweist sich das gewünschte Klanginstrument jedoch als eine Nummer zu groß – etwa für den Enkel des Hüttenwirts auf der Zipfelsalpe, den die Bergmesse noch nicht sehr interessiert, die mächtige Kuhglocke dafür umso mehr.*

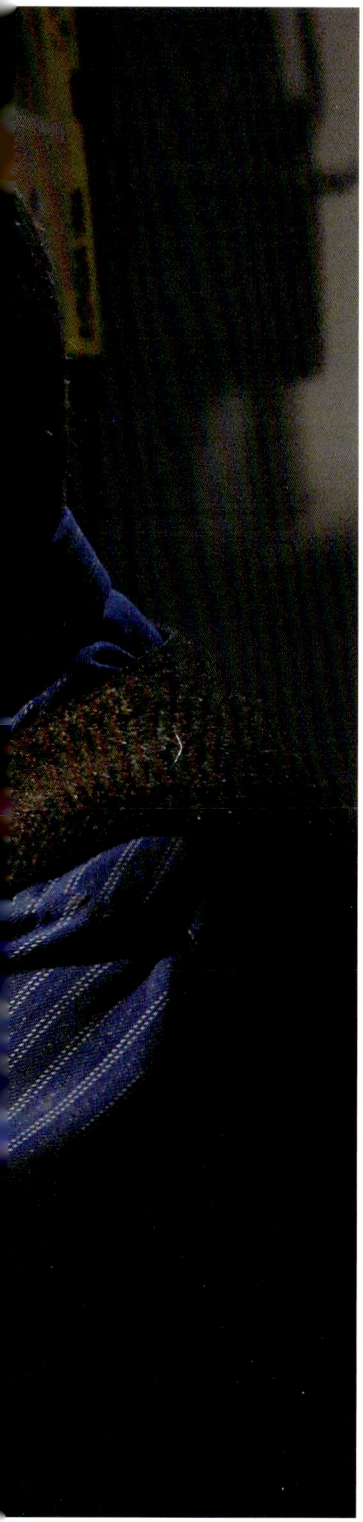

Kunst und Kunsthandwerk *Wo Alemannen lebten, haben sich archaische Fasnachtsbräuche erhalten. Im Ostrachtal werden ebenso kunstvolle wie furchterregende Holzmasken – die sogenannten „Butzelarven“ (links) – geschnitzt. Auf Malerei und Gegenwartskunst stößt man ganzjährig auf dem Gailenberg: Dort hat sich Kilian Lipp in seinem fast vier Jahrhunderte alten Bergbauernhaus ein sehenswertes Wohnhaus mit Atelier und edler Kunstgalerie eingerichtet. Kunsthandwerk wird in der Adventszeit auf dem idyllischen Bad Hindelanger Weihnachtsmarkt angeboten: Das stimmungsvolle Budendorf zieht weit mehr als 50 000 Besucher an.*

Auf 45 Hindelanger Alpen weiden rund 2800 Stück Jungvieh und 200 Milchkühe. Damit untrennbar verbunden ist die äußerst verantwortungsvolle und körperlich extrem fordernde Arbeit auf der Alpe. Die Besucher des Hindelanger Viehscheids bekommen vom entbehrungsreichen Leben der Senner, Sennerinnen und Hirten nur den höchsten weltlichen Feiertag des Ostrachtals mit.

Harter Alltag der Bergbauern und Senner – und der höchste weltliche Feiertag

Kühe und Käse: von der einsamen Alpe zum Trubel beim Viehscheid

Gassenkühe und Heu *Der Gemeinschaftsbesitz der Dorfbewohner war früher an die Hofstatt in der „Gmeind" gebunden. Bis heute ist derartiger Besitz der „Rechtler" erhalten. Deshalb trifft man in Bad Hindelang noch auf „Gassenkühe", die auf die Gemeinschaftsweide getrieben werden. An die Zeit, als die Bergbauern ihre Wiesen mühsam von Hand mähten und Heu auf mannshohen Holzgestellen getrocknet werden musste, erinnern „Huinzen" an einer Scheunenwand in Hinterstein. Die Milchwirtschaft übernahm erst im 19. Jahrhundert eine dominierende Rolle. Zuvor betrieb man Ackerbau und baute Lein an – weshalb man zeitweise vom „blauen Allgäu" sprach.*

Braunvieh auf den Alpen *Schon die Kelten – frühe Besiedler des Allgäus – hatten Alpwirtschaft betrieben. Die Weidegebiete einer Alpe liegen in Höhen von 1000 bis über 1600 Metern. Die Sommerweide auf den Alpen dient der Jungviehaufzucht auf den sogenannten „Galtalpen". Als im 19. Jahrhundert die Zubereitung von Hartkäse immer bedeutender wurde, wandelte man viele Alpen in „Sennalpen" mit Milchkühen um. Bis heute erhält die Land- und Alpwirtschaft das für das Allgäu so typische Landschaftsbild mit Buckelwiesen und Matten. Die (schonende) Beweidung durch Rinder verhindert die Verbuschung der Wiesen und die Erosion der Berghänge.*

Einmal hoch und einmal runter *Die Sommerweide der Plättelealpe im hintersten Obertal erstreckt sich bis auf eine Höhe von knapp 1800 Metern. Im Sommer werden die Rinder dort immer weiter hinaufgetrieben. Die am höchsten gelegene Weide wird erst im August erreicht, danach werden tiefer gelegene Wiesen noch ein zweites Mal genutzt. Dem rar gewordenen Allgäuer Braunvieh genügt als Futter, was die Grasberge hergeben. Das Braunvieh ist zudem ruhiger und leichter als andere Rinder: Es verursacht deshalb auf den stets von Erosion bedrohten steilen Berghängen geringere Trittschäden.*

Heu machen und Schlitten fahren Von Hand und mit der Sense wird heute nur noch selten – an steilen Hängen oder in sumpfigen Wiesenstücken – gemäht. Der Grasschnitt wurde früher auf Heu-Tristen, wetterfesten Gestellen, getrocknet. Im Winter musste das Heu dann teilweise mit dem Hornerschlitten ins Tal transportiert werden. Mit Heu beladene Schlitten sieht man noch im Rahmenprogramm des Internationalen Hornerrennens, das der Hornerverein Ostrachtal jährlich Anfang Februar in Vorderhindelang ausrichtet. Heute geht es nicht mehr um Futter fürs liebe Vieh, sondern um Alpen-Cup-Punkte.

„Cowboys“ auf Allgäuer Berghängen *Das Leben auf der Alpe ist höchstens vordergründig romantisch. Ein Hindelanger Pfarrer notierte 1873: „… die meiste Arbeit auf den Alpen ist nichts weniger als poetisch, sondern recht prosaisch, schwierig und alltäglich …“. Neben der körperlichen Anstrengung machte den Hirten, Gehilfen und Sennen auch das Klima zu schaffen. In den Höhenlagen des Hintersteiner Tals wird bis heute ein Schneefluchtrecht auf tiefer gelegene Alpen gewährt, da auch im Sommer Kälteeinbrüche und Schneefälle möglich sind. Sennerinnen gab es – anders als heute – angesichts solch harter Arbeitsbedingungen nur im Lied.*

Von der Alpe zur Käserei *Gemolken wird auf der Alpe nicht mehr per Hand: Für den Fotografen macht man eine Ausnahme. Die Milch musste früher mühsam ins Tal gebracht werden. In den 1950er Jahren wurde sie von der „Melk" – der Hütte, wo die Kühe gemolken werden – in „Milchpipelines" mit Leitungen aus Kunststoff zur Sennküche transportiert. Heute setzt man dazu Seilbahnen ein. In den Sennalpen wird Milch zu Käse, der bis zu zwölf Monate lang in den Käsekellern reift. Wie gekäst wird, zeigen Käsereien in fünf Alpsennereien – Alpe Laufbichl, Willersalpe, Mitterhaus, Alpe Kematsried und Plättelealpe – sowie in der Talsennerei Obere Mühle.*

Harter Alltag auf der Alpe Leben auf der Alpe bedeutet: wenig Luxus und harte Arbeit. Zum Beispiel Ausmisten im Stall der Plättelealpe, wo fünf Kühe für den täglichen Bedarf gemolken werden. Strom gibt es auf der 400 Jahre alten Alpe nicht: Dass die Milch hier von Hand verarbeitet wird, belegen Geräte von der Zentrifuge bis zur Käseharfe (rechte Seite oben). Auf der Hornalpe wird noch der uralte Küchenherd geschürt. Der Küchentür der Alpe sieht man ihr Alter an – unter anderem ist dort die Jahreszahl 1893 eingekerbt. Einer der höchstgelegenen Schweineställe Deutschlands steht beim Luitpoldhaus.

WESTFALIA SEPARATOR

Gott segne diese Alpe Hirt und Herde.

Der Hindelanger Viehscheid *Der Viehscheid ist der höchste weltliche Feiertag des Ostrachtals – selbst die Schulkinder bekommen frei. Nach hundert Tagen in den Bergen kehren tausend Rinder von der Sommerfrische in die heimischen Ställe zurück. Nicht nur die Bauern aus Hindelang, sondern auch Landwirte aus dem Unterland schicken Vieh auf die Hindelanger Alpen: „Gesömmerte" Jungtiere gelten als besonders gesund und widerstandsfähig. Angeführt von zumeist drei Kranzrindern erreichen die Herden von den Hindelanger Alpen im Stundentakt mit Schellengeläut den Viehscheidplatz. Dort werden sie von begeisterten Zuschauermassen begrüßt.*

Geschmückte Schönheiten *Bevor die Rinder den Viehscheidplatz erreichen, werden sie herausgeputzt und bekommen große Schellen angelegt. Die Kranzrinder werden prächtig geschmückt. Einen Kranz erhalten sie jedoch nur dann, wenn während des Sommers kein Tier durch einen Unfall verloren ging. Der Kranz wird traditionell aus Zweigen und Blüten, Gräsern und Bändern in Form einer Krone geflochten. Oft enthält er ein Kreuz, wodurch himmlischer Schutz erbeten wird. Zur Abwehr böser Geister kommt ein Spiegel in den Kranz. Am Ende des Viehscheidplatzes wird die Herde aufgelöst: Dort nehmen die Besitzer ihre Tiere in Empfang.*

Eine Arche für seltene Haustiere Auch Ochsen und Pferde wurden früher „geälpt“. Letztere tummeln sich bis heute auf hoch gelegenen Weiden. Auf den Hindelanger Wiesen trifft man auch Ziegen: Im Ostrachtal wurden sie vormals „Schrofenkühe“ genannt – sie weideten jene Steilhänge ab, die für Rinder zu gefährlich waren. Schafe schätzt man wegen ihrer Genügsamkeit beim Futter und ihrer wertvollen Wolle. Im Bergbauernhof Hoiser in Unterjoch – einem „Archehof“ – werden vom Aussterben bedrohte Haustierrassen gezüchtet: Hier trifft man nicht nur auf Bergschafe und Geflügel, sondern auch das Schwäbisch-Hällische Schwein (oben).

Atemberaubende Panoramen im Ostrachtal und in seinen stillen Seitentälern

In den Allgäuer Alpen: Berge und Täler, Wasserfälle und Bäche

Der Wilde Grat, die steile Nordwand am Ende des Bärgündletals ist eine von zahlreichen spektakulären Ansichten in Bad Hindelang, das zu den zwei besonders schützenswerten „Edelsteinen der Alpen“ in Deutschland gezählt wird. Doch nicht allein steile Gipfel wie der des knapp 2600 Meter hohen Hochvogels, sondern auch idyllische Täler, durchzogen von Wasserfällen und Bächen, machen den Reiz der stillen Bergwelt von Hindelang aus.

Ein Stück Afrika im Allgäu *Die Gesteinsmassen der Allgäuer Hochalpen stammen von der afrikanischen Festlandsplatte. In einem seichten Meer am Nordrand des afrikanischen Kontinents entstand ein Mischgestein aus Kalzium- und Magnesiumkarbonat, das bei der Gebirgsbildung der Alpenkette nordwärts verschoben wurde. Welcher Druck damals auf den Gesteinsmassen lastete, ist gut an der Faltenbildung am Wiedemerkopf (rechts) und am Massiv der Fuchskarspitze (links) im Bärgündletal zu erkennen. Über diesem Tal liegt auf 1846 Metern Höhe das 1880 erbaute Prinz-Luitpold-Haus. Diese Schutzhütte ist die älteste in den Allgäuer Alpen.*

In den Allgäuer Hochalpen *Über dem Sattel des Himmelecks am Ende des Bärgündletals (oben) erhebt sich der 2379 Meter hohe Große Wilde. Westlich ragt der markante Gipfel des 2268 Meter hohen Schneck empor, dessen Ostflanke einst als schwierigste Kletterwand des Allgäus galt. Die letzten Sonnenstrahlen verfärben die Westflanke der 2033 Meter hohen Rotspitze (links). Der „König des Allgäus" ist der 2593 Meter hohe Hochvogel (rechts). Solche Berge waren im Volksglauben der Sitz von Dämonen und Geistern. Im Hintersteiner Tal erlegte man im 18. Jahrhundert die letzten Bären, im 19. Jahrhundert jagte man noch Wölfe, Luchse und Fischotter.*

Der Iseler und das Imberger Horn *Der Iseler (großes Bild) ist der Hausberg von Oberjoch. Die Bergstation der Iselerbahn endet unter der Nordostflanke des bis zu 1907 Meter hohen Bergrückens. Die Lage im Hochtal macht das 1136 Meter hoch gelegene Oberjoch nicht nur für Wintersportler attraktiv. Wie das benachbarte Unterjoch (1013 Meter) ermöglicht dieser Hindelanger Ortsteil dank seiner hausstaubmilbenfreien und pollenarmen Höhenluft „Urlaub von der Allergie". Im Süden des 825 Meter hoch im Ostrachtal gelegenen Hauptorts Bad Hindelang liegt das 1656 Meter hohe Imberger Horn. Dorthin befördern die Gondeln der Hornbahn Hindelang.*

Stille und Einsamkeit *Rund 300 Kilometer markierter Wanderwege führen in die Bad Hindelanger Täler und auf die Berge. Fast wie in der Schweiz fühlt man sich im Frühling zum Beispiel im stillen Retterschwangtal (oben). Imposant zeigt sich die Bergwelt um Bad Hindelang beim Wandern im Bärgündletal (Bilder links – im Hintergrund der Gipfel des Großen Wilden – und rechts). Solche Panoramen machen verständlich, warum eine Studie der Internationalen Alpenschutzkommission CIPRA und des World Wide Fund For Nature die Bergwelt um Bad Hindelang zu den zwei besonders schützenswerten „Edelsteinen der Alpen" in Deutschland zählt.*

Die Schönheit der Täler In Bad Hindelang hat man sich zum Ziel gesetzt, Urlaub im Einklang mit Landschaft und Landwirtschaft zu ermöglichen. Doch nicht nur die Gäste des Ferienorts schätzen das intakte Bild der Täler. Bei der Expo 2000 in Hannover wurde Bad Hindelang als ein international beachtetes Vorzeigemodell präsentiert. Heute bewirtschaften rund 70 Bergbauern schonend und mit Verzicht auf Kunstdünger und Gentechnik Wiesen und Weiden und bewahren so die Landschaft. Besonders gut erkennt man den allgäutypischen Flickenteppich von Wald und Wiese von oben – zum Beispiel von der Buchelalpe (Bild oben) oder von der Kanzel aus (links).

Wasser auf dem Weg ins Tal *Überall in Hindelang bahnt sich Wasser seinen Weg ins Tal, plätschern kleine und kleinste Bergbäche, rauschen mehr oder weniger große Wasserfälle. Mitunter gräbt sich das Wasser einen Weg durch Fels. Äußerst beeindruckend sieht man das bei der sogenannten „Eisenbreche" (oben) im Hintersteiner Tal. Der Name erinnert daran, dass im 15. und 16. Jahrhundert dort Eisenerze und Zinkspat (Galmei) abgebaut wurden. Von einer Aussichtskanzel schaut man schaudernd in die enge und 85 Meter tiefe Schlucht der Ostrach. Idyllisch wirken im Vergleich ein Wasserfall im Obertal (großes Bild) und die Zipfelsfälle bei Hinterstein.*

Hindelanger Bergseen sehen *In der Abendsonne spiegelt sich der Himmel im Schrecksee (rechts). Dieser Bergsee liegt 1813 Meter hoch – lediglich 300 Meter von der Grenze zu Tirol entfernt – in einem Hochtal. Erst im Sommer wird der Schrecksee eisfrei. Der höchstgelegene Bergsee auf Bad Hindelanger Gemeindegebiet ist der Laufbichelsee (2018 Meter), der zweitgrößte ist der 1878 Meter hoch gelegene Engeratsgundsee (links). Im Tannheimer Tal bei Unterjoch, nur wenige Schritte nach der bayerisch-österreichischen Grenze auf dem Gebiet von Schattwald, liegt der Floschen. Der idyllische kleine Moorsee ist ein beliebtes Badegewässer.*

Tausend Rinnsale für die Ostrach Die Wasser des Bärgündletals, des Obertals, des Hintersteiner Tals und des Retterschwanger Tals (rechts) fließen zur Ostrach hin. Was im Hintersteiner Tal wie ein harmloser Gebirgsbach aussieht (links), kann bei einem Hochwasser rasch zum reißenden Fluss werden. Für die Hammerschmieden im Tal war die Ostrach die Antriebsquelle. Die Ostrach und ihre Zuflüsse tragen dazu bei, mit 16 Wasserkraftwerken 90 Prozent des örtlichen Strombedarfs zu decken. Über Oberjoch liegt die Wasserscheide zwischen der Wertach und der Ostrach. Die Wertach mündet in den Lech, die Ostrach geht in der Iller auf – beide enden in der Donau.

„Indian Summer" im Allgäu Bergwald verhindert Bodenerosion, schützt vor Lawinen und Steinschlag. Für Hindelang hat er seit jeher wirtschaftliche Bedeutung. Wegen des Einschlags zur Zeit der Eisenschmelze wurde Holz Mangelware, weshalb vor allem Nadelbäume nachgepflanzt wurden. Wenn auch heute Fichten dominieren, so färbt der frühe Herbst doch die Berge bunt. Das Laub von Bergahorn und Buche leuchtet in vielen Schattierungen von Gelb bis Rot. Im „Paradies" auf dem Schwarzenberg hoch über dem Hintersteiner Tal steht der von Wind und Wetter zerzauste Bergahorn (oben). Gelb blüht im Frühsommer die Gemeine Berberitze.

Intakte Natur voller Artenreichtum: die Tier- und Pflanzenwelt in Bad Hindelang

Wege zu Steinadlern und Gämsen, Orchideen und Edelweiß

Bei hochsommerlichen Bergwanderungen in Bad Hindelang kommt man schon mal am geschützten Edelweiß vorbei. Vom Tal bis in die Höhenlagen begeistert Hindelang mit einer schier unglaublichen Florenfülle. Etliche Enziane und 40 Orchideenarten wurden hier kartiert. Der vom Aussterben bedrohte Steinadler ist der sicher prominenteste Vertreter der Fauna der Allgäuer Alpen. Gämsen und Murmeltiere trifft man schon etwas häufiger.

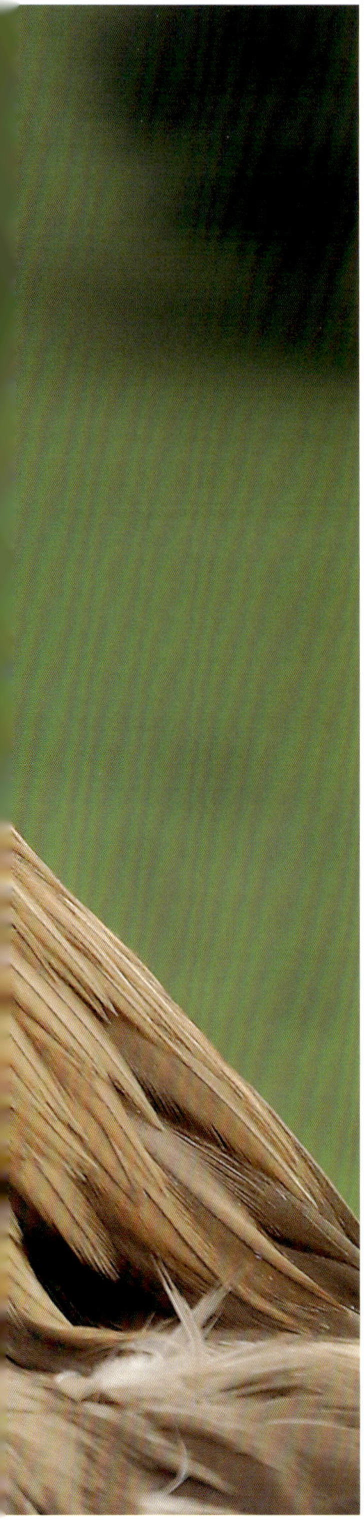

Erinnerungen an einen „Adlerkönig“ *Bei regelmäßigen Adlerwanderungen heißt es genau hinschauen (oben). Denn mit ein wenig Glück kann man einen Steinadler über dem Hintersteiner Tal schweben sehen. Der „König der Lüfte“ erinnert an den Königlichen Oberjäger und Leibjäger des Prinzregenten Luitpold – Leo Dorn, der 41 Wilderern das Handwerk legte und 77 Steinadler schoss. Nach dem 50. Abschuss nannte man ihn „Adlerkönig“. Seit 1925 stehen Steinadler unter Naturschutz. Die letzten Luchse im Tal wurden bis 1838 erlegt: Daran erinnern in Hindelang acht mumifizierte Luchsköpfe und die Inschrift am Hausgiebel Marktstraße 27 (links).*

Typische Tiere der Hochalpen Gämse, Rothirsch und Murmeltier kommen im Naturschutzgebiet Allgäuer Hochalpen in Bad Hindelang noch häufiger vor. Mehr neugierig als scheu beobachten Gämsen im herbstlichen Bärgündletal den Wanderer (linke Seite, oben). Wenn sich die Murmeltiere im Obertal vor ihrem Bau tummeln, bleibt immer eines der Tiere wachsam: Denn Steinadler sind für die Alpenmurmeltiere eine tödliche Gefahr. Rothirsche kann man vom ersten Schneefall bis in den Mai bei der Wildfütterung in einem 20 Hektar großen Wintergatter im Hintersteiner Tal beobachten.

Blütenprominenz der Berge *Die Pflanzenvielfalt der Allgäuer Bergwelt in und um Bad Hindelang rührt von teils sehr verschiedenen Gesteinsschichten – Hauptdolomit, Lias und Flysch – her, aber auch von der Vielfalt klimatischer Verhältnisse in unterschiedlichsten Höhenlagen. Nur auf Kalkstein gedeihen die reich verzweigten Sträucher der Bewimperten Alpenrose (oben), einer der bekanntesten Pflanzen der Alpen. Zu den Enzianarten gehört beispielsweise der Frühlingsenzian (rechts), der umgangsprachlich auch „Schusternägele“ genannt wird. Auf mehr als 1500 Metern Höhe blüht das Edelweiß, die wohl prägnanteste Pflanze der Bergwelt.*

Farbenpracht und Orchideenvielfalt *Der Blütenreichtum auf den Wiesen von Bad Hindelang ist außergewöhnlich, zu den Besonderheiten zählt die Vielfalt der Orchideen. 40 verschiedene Arten wurden hier kartiert. Auf den kaum oder nicht gedüngten Hindelanger Wiesen gedeiht das Männliche Knabenkraut neben orangem Gold-Pippau und gelbem Hornklee. Zu den attraktivsten Pflanzen zählt die Türkenbundlilie. Auf den kalkhaltigen Wiesen über den Bergwäldern gedeiht sie bis in Höhen von knapp 2000 Metern. Auch der Gelbe Enzian (rechts) wächst auf ähnlich hoch gelegenen Bergwiesen – aus seinen Wurzeln wird noch immer Schnaps gewonnen.*

Rare Schönheiten am Wegrand Wer den Artenreichtum der Hindelanger Flora – wie den Stengellosen Enzian am Iseler (oben) erkunden will, findet ihn oft ohne längere Suche am Rand der Wanderwege. Von der Ragwurz bis zum Wollgras reicht dort die bunte Palette der alpinen Arten. Eine ebenso prominente wie stark bedrohte Orchideenart ist dagegen der Gelbe Frauenschuh (links), der auf kalkhaltigen Böden in lichten Wäldern bis zu annähernd 2000 Meter hoch vorkommt. Den streng geschützten Frauenschuh entdeckt man nur bei sachkundig begleiteten Hindelanger Blumenwanderungen.

Giftpflanzen und Eiszeitrelikte Kalkhaltige Böden und von Kuhmist gut gedüngte Standorte bevorzugt der bis zu anderthalb Meter hohe, äußerst giftige Blaue Eisenhut (links), der auf den Hindelanger Weiden zahlreich vorkommt. Ein Relikt der Eiszeit ist die blauviolett blühende Kugelblume (oben), deren dichte Polster man auf Trockenwiesen und steinigen Hängen entdeckt. Ihr Verbreitungsgebiet erstreckt sich von Nordspanien bis in den Süden Russlands. An so manchen Stellen erinnert Hindelang an einen botanischen Garten: Unterschiedlichste, anderswo selten gewordene Arten zaubern hier einen bunten Blütenteppich auf die Wiesen.

Der Urlaubsort Bad Hindelang – Treffpunkte, Erlebnisse und Jahreszeiten

Sommerfrischler oder Skifahrer: viele Wege, viel Sonne, viel Schnee

Auf einen Hindelanger kommen in der jährlichen Statistik 30 Urlauber. Doch Bad Hindelang ist groß, der Möglichkeiten sind viele, unabhängig von der Jahreszeit. Für Wanderer sind die sechs Bergdörfer der Gemeinde Bad Hindelang ein ideales Urlaubsziel. Die jeweils passende Unterkunft zu finden, ist angesichts des großen Übernachtungsangebots kein großes Problem: Eine Tür, vor die die müden Wanderer ihre Stiefel stellen können, findet sich hier fast überall …

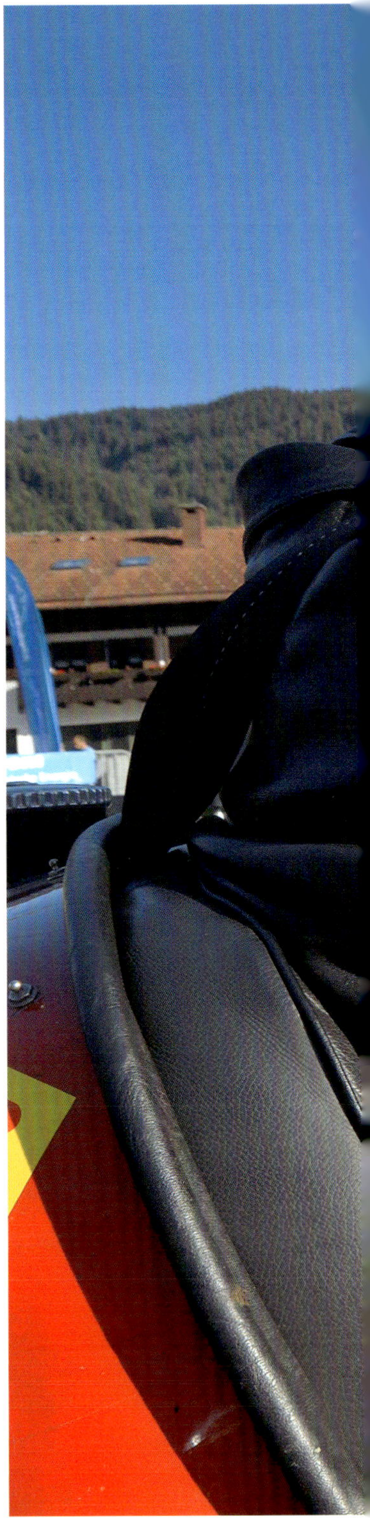

An der Sonne, in der Sonne Aus ganz Deutschland kommen Urlauber in den Heilklimatischen Kurort und ins Kneippheilbad Hindelang. Sie kommen wegen der Berge und Skipisten, weil sie das Klima schätzen, sich von der höchsten Schwefelquelle in Deutschland heilen lassen oder „Urlaub von der Allergie“ nehmen. 60 Prozent der Urlaubsgäste reisen im Sommer an. Einer der größten Gastgeber im Ort ist das Hindelanger „Hotel Sonne“. Anno 1952 erhielt es seine „Lüftlmalereien“ – sie sind im Allgäu eher selten. Eine große Besucherattraktion im frühen Herbst sind die Oldtimer des seit dem Jahr 1999 veranstalteten „Jochpass-Memorials“.

DUNLOP
MOTORBAR
Shell

Wilde Fräulein und Indianer *Seinen Gästen bietet Bad Hindelang viele Entdeckungen und Abenteuer. In die Sagenwelt der Alpen führt ein Abstecher zum Wildfräuleinstein im Hintersteiner Tal, wo zwei höhlenartige Kammern im Fels an jene „Wilden Fräulein" erinnern, die hier gehaust haben sollen. Mutige „Bergindianer" gehen auf Kletterpfaden, über schwankende Baumstege und vorbei an Totempfählen auf Schatzsuche. Bergsteiger schätzen den „Hindelanger Klettersteig" zwischen Nebelhorn und Daumen oder den „Salewa-Klettersteig" am Iseler. Klettern kann man freilich auch anderswo – wie an der Balkenscharte zwischen Fuchskar- und Kreuzspitze.*

Ein total verrücktes Museum Bei Hinterstein entdeckt man eines der originellsten Museen Deutschlands. In einer Scheune oberhalb der Ostrach hat ein Sammler das private Kutschenmuseum (links) ebenso liebe- wie fantasievoll ausgestattet. Das Museum ist täglich und kostenlos zu besichtigen. Im früheren Sägewerk der Oberen Mühle in Bad Oberdorf wurde das Bad Hindelanger Heimatmuseum (rechts) eingerichtet: Es zeigt die Geschichte des Ortes von den Bergbauern bis zu den Handwerkern, von der Jagd bis zum Wintersport. Auf das Jahr 1861 gehen die Anfänge des Bauerntheaters der Hindelanger „Sängergesellschaft" zurück.

Weiß und sonnig *Während im Flachland Grau, Regen und Matsch das Bild bestimmen, scheint in Hindelanger Höhenlagen die Sonne auf die schneebedeckten Hänge. Nicht nur Wintersportler genießen jetzt die weiße Pracht: In Unterjoch stoßen Wanderer und Spaziergänger auf winterliche Szenen wie das Christbaumholen von Vater und Sohn (linke Seite oben) und ein anheimelndes Bergbauernhaus (rechte Seite unten). Jetzt gilt es Idyllen wie den verschneiten Bergwald am Iseler (links), einsame Spuren im Obertal (rechte Seite oben links) oder den Blick auf die weißen Dächer von Hindelang zu entdecken.*

Der erste Skilift Deutschlands Der Wintersport eroberte Hindelang in den 1930er Jahren. Schon in den Jahrzehnten davor wurden vereinzelte Skiläufer bestaunt und 1908/09 ein erster Skikurs ausgerichtet. 1932 baute man in der schneesicheren Höhenlage von Oberjoch das erste Sporthotel. 1943 ging im Hindelanger Ortsteil der erste Skilift Deutschlands in Betrieb. Mit der 6er-Sesselbahn von heute (rechts) hatte er noch wenig zu tun, und an Beschneiungsanlagen und ans Nachtskilaufen dachte damals noch niemand. Im Winter kommen heute circa 40 Prozent der jährlichen Gäste. Sie lassen sich schon mal ganz gemütlich durchs Hintersteiner Tal kutschieren.

Schnell hinunter und hoch hinauf Statt Regen oder Schneematsch bieten die nebelfreien Höhenlagen von Oberjoch und Unterjoch ziemlich sicher weiße An- und Aussichten. Der Schnee staubt zum Beispiel beim Ostrachtaler Hörnerschlittenrennen im Bad Hindelanger Ortsteil Vorderhindelang: Bei Rennen um den Alpen-Cup rasen wagemutige Zweier-Teams auf ihren zwei bis drei Meter langen hölzernen Schlitten mehr als einen Kilometer weit nach unten. Bei diesem Tempo sind Stürze vorprogrammiert: Nicht jeder kommt ins Ziel. Hoch hinauf schweben dagegen die Ballonfahrer bei der jährlichen Winter-Montgolfiade (rechts).

SUDING
Beton- und Kunststoffwerke

Viel befahrene Pisten *Im Wintersportort Bad Hindelang kann ein jeder nach seiner Façon glücklich werden. Einsame Spuren im Schnee erzählen von Winterwanderern, Skilangläufern und Schneeschuhwanderungen. Wintersportler freuen sich auf Skipisten am Iseler, gepflegte Langlaufloipen (bis in das benachbarte Tannheimer Tal) und die dreieinhalb Kilometer langen Rodelbahnen am Imberger Horn. Hindelang lockt außerdem mit Sport zum Zuschauen – mit dem Ski-Trail und dem internationalen Hundeschlittenrennen in Unterjoch, an dem mehr als hundert Gespanne teilnehmen.*

SALOMON

Impressum

Bad Hindelang

in den Allgäuer Hochalpen

Wolfgang B. Kleiner, Fotografie

Martin Kluger, Konzeption und Text

context verlag Augsburg

www.context-mv.de

Herausgeber: EBERL MEDIEN, Immenstadt i. Allgäu

ISBN 978-3-939645-55-9

1. Auflage, November 2012

Grafische Produktion: concret Werbeagentur GmbH, Augsburg

www.concret-wa.de

Umschlaggestaltung: Thomas Leberle

Druck: EBERL PRINT GmbH, Immenstadt i. Allgäu

Bibliografische Information der Deutschen Nationalbibliothek

Die Deutsche Nationalbibliothek verzeichnet diese Publikation in der Deutschen Nationalbibliografie; detaillierte bibliografische Daten sind im Internet über http://dnb.dnb.de abrufbar.

ISBN 978-3-939645-55-9

Bildnachweis

Nahezu alle Fotografien

dieses Bildbands stammen von Wolfgang B. Kleiner.

Ergänzende Aufnahmen stellten

Thomas Baumgartner: S. 22 (1)

Jonathan Besler: S. 72/73

Franz-Marc Frei: S. 37

Michael Kaufmann: S. 6 (1)

Martin Kluger: S. 89 (1), S. 90 (1), S. 93 (1)

Markus Wagner: S. 107 (1)

Fotolia: S. 84 (1)

Wikipedia/Kauk0r: S. 72

Dank

Für ihre Unterstützung

beim Erscheinen dieses Bildbands danken wir

Max Hillmeier, Kurdirektor

Albert Wechs, Kreisheimatpfleger

Eric und Judith Beißwenger

Hans Brutscher, Archivar der Marktgemeinde Bad Hindelang

Thomas Niehörster

Heidi und Florian Karg

Doris Kratzer

Theresia und Tobias Wechs

Hans Weiss

sowie dem Herausgeber:

EBERL MEDIEN
www.eberl.de